KB206609

100

100점
스스로
받아쓰기

〈초등 국어 활동 연계〉 국어 교과서 1학년~6학년 세부 연계 활동

1학년 1학기
가. 1. 바른 자세로 읽고 쓰기
2. 글자를 만들어요
나. 6. 받침이 있는 글자
7. 생각을 나타내요

1학년 2학기
가. 2. 소리와 모양을 흉내 내요
3. 문장을 표현해요
나. 8. 띄어 읽어요

2학년 1학기
가. 4. 말놀이를 해요
5. 낱말을 바르고 정확하게 써요
나. 9. 생각을 생생하게 나타내요

2학년 2학기
가. 3. 말의 재미를 찾아서
나. 8. 바르게 말해요

3학년 1학기
가. 1. 재미가 톡톡톡
나. 7. 반갑다, 국어사전

3학년 2학기
가. 3. 자신의 경험을 글로 써요
나. 7. 글을 읽고 소개해요.

100점 스스로 받아쓰기

1판 1쇄 인쇄 | 2021년 3월 3일
1판 1쇄 발행 | 2021년 3월 5일

지은이 | 이다우
그린이 | 이주항
펴낸이 | 이상배
펴낸곳 | 좋은꿈
디자인 | 김수연

등록 | 제396-2005-000060
주소 | 경기도 고양시 일산동구 장백로 26, 103동 508호
(백석동, 동문굿모닝힐 1차) (우)10449
전화 | 031-903-7684 팩스 | 031-813-7683
전자우편 | leebook77@hanmail.net

ISBN 979-11-85903-88-0 63700

블로그 • 네이버 | www.joeunkoom.com | 인스타그램 • leebook77

*좋은꿈-통79권-2021-제1권

어린이제품안전특별법에 의한 제품 표시
제조자명 좋은꿈 | **제조년월** 2021년 3월 | **제조국** 대한민국 | **사용연령** 7세 이상

초등 국어 교과서 낱말 활용
스스로 익히고 키우는 국어 실력

이다우 지음 | 이주항 그림

좋은꿈

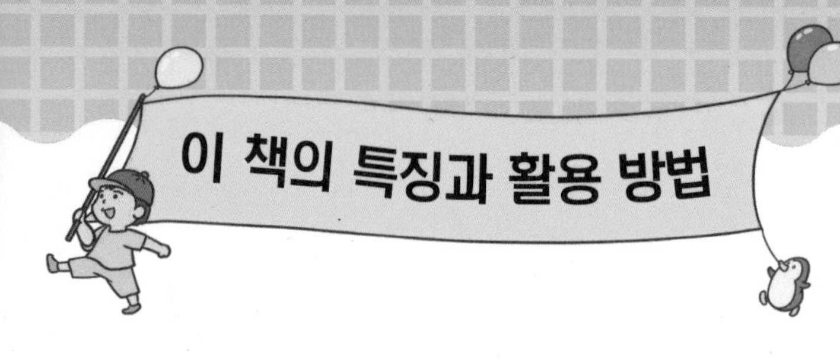

스스로 받아쓰기를 하면서
맞춤법 공부를 할 수 있습니다.

20자 내의 짧은
문장 안에 문제를
제시했습니다.

실전 문제 20
초등 국어 교과서에서 뽑은
240개 낱말을 실었습니다.

실전 문제 3

빈칸에 알맞은 표준말을 쓰고
짧은 글을 소리 내어 읽어 보세요.

1. 꼬부랑 할머니는 걸음이 □□□.

   느리다 | 늘이다

2. 친구를 그리워하는 마음이 잘 □□□□ 썼구나.

   드러나게 | 들어나게

3. 송이는 □□□를 들고 살금살금 걸어갔다.

   뒤꿈치 | 뒷꿈치

4. 차들이 쌩쌩 달리는 □□에 민들레가 피었다.

   차길 | 찻길

5. □□□의 짝은 바로 □□□이지.

   숟가락 | 숫가락　　**젓가락 | 젇가락**

20

6. 송이의 설명이 끝나자 승민이가 □□□ 말했다.

   덧붙여 | 더부쳐

7. 애야, □□□ 않게 조심해야 한다.

   닫히지 | 다치지

8. 약속을 □□□ 지켜야 한다.

   반듯이 | 반드시

9. 물이 뜨거우니 후후 □□□ 마셔라.

   시켜서 | 식혀서

10. 아빠 □□이 빨라서 못 좇아가겠어요.

    거름 | 걸음

11. 네가 오늘 보고 □□ 일을 곰곰 생각해 봐.

    격은 | 겪은

12. 우는 아기의 엉덩이에 주사를 □□□.

    맞혔다 | 마쳤다

21

2가지 낱말 중에
표준어가 있습니다.

빈칸에 알맞은
표준어를 적습니다.

동화를 읽고 올바른 맞춤법의 낱말을 찾는 활동을 합니다.

동화에 2가지 낱말을 제시하였습니다.

재미있는 맞춤법 동화입니다.

한눈은 안 팔았는데

오뚝이 | 오뚜기?

"야호, 학교 일찍 끝나니까 굉장히 좋다."

"날마다 지각하면서 일찍 끝나는 건 엄청 좋아하네."

송이가 승복이에게 핀잔을 주었다.

"오늘은 지각 안 했어. 우리 한 시간만 놀다 가자."

"안 돼. 엄마가 한눈팔지 말고 곧장 집으로 오라고 했어."

"뭐, 한눈을 판다고. 왜 눈을 팔아?"

"승복이 너 국어 점수 빵점이지?"

"웃기지 마. 내가 제일 잘하는 게 국어야."

"그런데 그 말뜻도 모르니? 한눈팔지 말라는 것은 딴짓하지 말라는 거야. 너한테 아주 잘 어울리는 말이지."

"치, 잘난 체하기는. 동수야, 우리 놀다 가자."

"나도 안 돼. 할아버지 댁에 가야 해."

승복이는 하는 수 없이 송이와 동수를 따라 집으로 향했다.

그러다 승복이가 꽈당 넘어지고 말았다.

30

"거봐, 한눈팔고 걷다가 넘어졌잖아."

"흥, 괜찮아. 넘어지는 게 뭐 무섭다고. 오뚜기처럼 일어났잖아."

"아프면서."

"남자가 한눈팔다 넘어질 때도 있지. 열 번 넘어져도 벌떡벌떡 일어난다."

승복이는 팔을 힘차게 휘두르며 성큼성큼 앞으로 걸어갔다.

그런데 그만 다시 전봇대에 부딪혀 비명을 지르며 그 자리에 주저앉고 말았다.

"거봐, 한눈파니까 별이 빙글빙글 돌지?"

송이가 깔깔대고 웃었다.

"으, 그래도 난 오뚝이다."

승복이는 진짜 벌떡 일어나 앞으로 달려갔다.

표준말에 동그라미 하세요.

➡ "오뚜기처럼 일어났잖아."

➡ "으, 그래도 난 오뚝이다."

31

제시된 2가지 낱말 중 표준어에 ○표를 합니다.

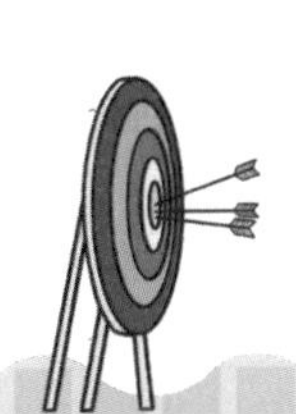

가로세로 퍼즐을 풀면서
낱말의 뜻을 익힙니다.

재미있게 풀어 보는
낱말 퍼즐 게임입니다.

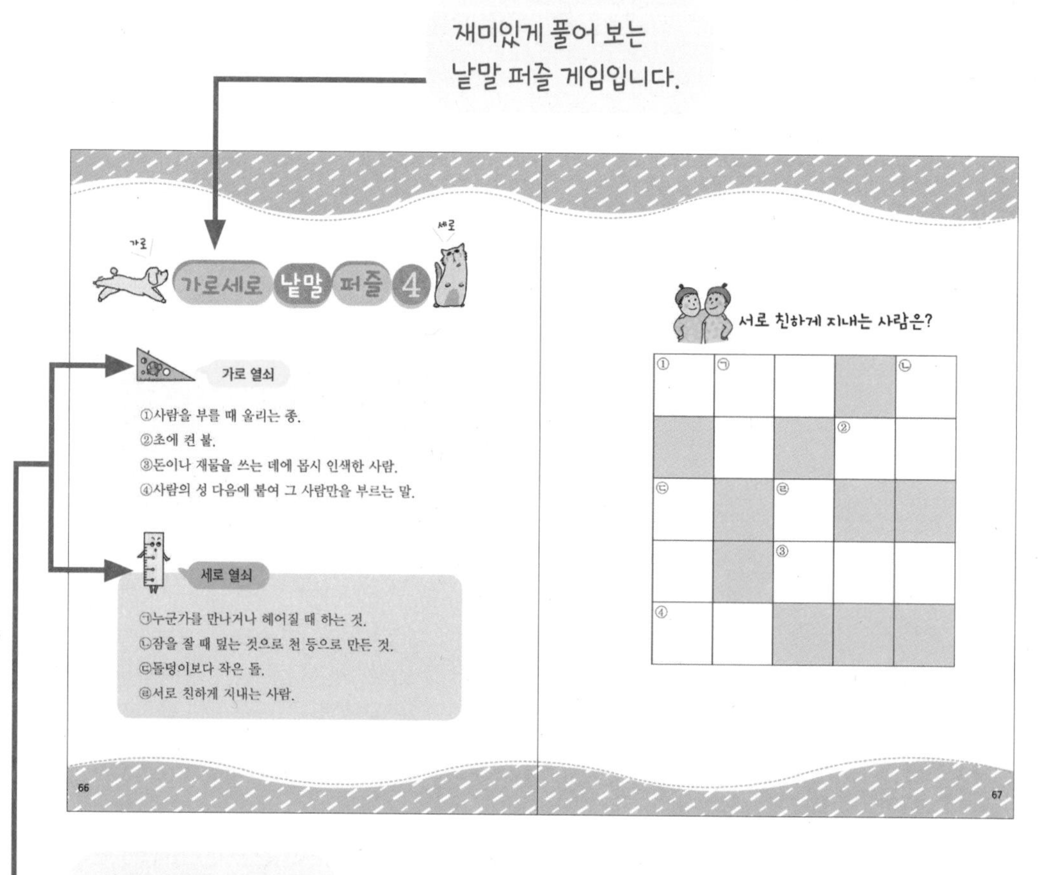

가로세로 낱말 퍼즐 4

가로 열쇠

①사람을 부를 때 울리는 종.
②초에 켠 불.
③돈이나 재물을 쓰는 데에 몹시 인색한 사람.
④사람의 성 다음에 붙여 그 사람만을 부르는 말.

세로 열쇠

㉠누군가를 만나거나 헤어질 때 하는 것.
㉡잠을 잘 때 덮는 것으로 천 등으로 만든 것.
㉢돌덩이보다 작은 돌.
㉣서로 친하게 지내는 사람.

서로 친하게 지내는 사람은?

①	㉠			㉡
			②	
㉢		㉣		
		③		
④				

66 67

낱말의 뜻을 설명하는
열쇠입니다.

일러두기

- 이 책의 맞춤법 표준어는 국립국어원 표준국어대사전을 기본으로 하였습니다.
- 실전 문제는 초등 국어 교과서에 나오는 낱말을 중심으로, 초등학생이 틀리기 쉬운 낱말로 구성하였습니다.
- 정답은 실전 문제의 정답(표준어)만을 표기하였습니다. 정답 낱말과 문제 중 뜻이 다르게 쓰이는 낱말의 설명은 스스로 국어사전이나 표준국어대사전에서 찾아 익히도록 하였습니다.
- 정답이 동의어인 경우 2가지를 정답으로 표기하였습니다.

차례

100

실전 문제 1

빈칸에 알맞은 표준말을 쓰고
짧은 글을 소리 내어 읽어 보세요.

1. 나는 □□□ 먹기 싫어요.

토마도 | 토마토

2. 고기 중에 □□□가 제일 맛있어요.

쇠고기 | 소고기

3. 노트에 □□을 따라 쓰세요.

낫말 | 낱말

4. 송이는 □□□로 소곤거렸다.

귀속말 | 귓속말

5. 야호, 다 같이 □□을 짝짝짝!

손뼉 | 손벽

6. '사과'라는 글자가 잘 보이게 □□□을 칠했다.

빨강색 | 빨간색

7. □□□□□는 항상 배가 고프다.

게으름쟁이 | 게으름뱅이

8. 영미는 "흥." 하고 □□□를 뀌었다.

코방귀 | 콧방귀

9. 강아지가 먹이를 □□ 맛있게 먹는다.

얌얌 | 냠냠

10. 재석이는 단 □□을 너무 좋아해요.

곳감 | 곶감

11. 새로 오신 선생님께서 □□□을 하셨다.

인사말 | 인삿말

12. 앗, 동수가 던진 공이 □□□으로 튕겨 나갔다.

바같쪽 | 바깥쪽

실전 문제 2

빈칸에 알맞은 표준말을 쓰고
짧은 글을 소리 내어 읽어 보세요.

1. 동수는 틀린 답을 □□□로 쓱쓱 지웠다.

지우개 | 지우게

2. 쏘아보는 □□□가 무서웠다.

눈꼬리 | 눈초리

3. 내가 앉은 창가로 환한 □이 들어왔다.

빚 | 빚

4. □□ 있는 글자는 발음하기 어려워요.

밭침 | 받침

5. □□□에서 수상한 발자국 소리가 들려왔다.

아랫쪽 | 아래쪽

6. 토끼는 거북을 보자 □□□□ 깡충깡충 뛰었다.

반가와서 | 반가워서

7. 서두르지 말고 □□□ 꼼꼼하게 살펴보자.

천천이 | 천천히

8. 읽은 책은 바르게 □□ 놓아야 해요.

꽂아 | 꼿아

9. 하얀 □□이 나붓나붓 떨어졌다.

꽃닢 | 꽃잎

10. 아빠는 엄마가 □□ 부린다고 화를 냈다.

늑장 | 늦장

11. 작은 □□□를 주워서 돌탑을 쌓았다.

돌멩이 | 돌맹이

12. 쿵쿵, □□□의 도끼질 소리가 산을 울렸다.

나뭇꾼 | 나무꾼

부자가 될 거야

바람 | 바램?

승민이는 요새 세상 보는 눈이 달라졌다. 재테크에 눈을 떴기 때문이다. 인터넷에 '숙제닷컴'이라는 회사를 운영해 본 경험이 있는 승민이는 사업에 탁월한 재주를 가지고 있었다.

"형, 형의 바람은 뭐야?"

"그야 공부 없는 세상에서 사는 거지. 모든 학생들이 바라는 거 아니겠어."

승복이는 생각만 해도 즐겁다는 듯 히히 웃었다.

"네가 바라는 건 뭐냐?"

"나는 사업가가 될 거야."

"사업가? 그럼 부자 되겠네. 아우야, 부자 되면 제발 그 짠돌이 습관 좀 버려라."

승복이가 고개를 절레절레 흔들며 말했다.

"내가 왜 짠돌이야."

"네 주머니에 돈이 한번 들어가면 절대 나오지 않잖아."

"절약 정신만이 부자가 되는 지름길이라는 걸 몰라? 나중에 큰돈을 벌면 그때 마음껏 쓰게 해 줄게."

"딴소리 안 하기다. 그런데 뭘 해서 돈을 벌 거야?"

"투자를 해야지."

"투자, 어떻게?"

"주식 살 거야."

"꿈 깨라. 어린이는 주식을 못 사."

"할 수 있어. 아빠를 통해서 우량주에 장기적으로 투자할 거야. 대기업 주식을 사는 거지. 물론 계속해서 성장할 수 있는 회사인지 확실하게 따져 본 다음에."

승민이가 주식 전문가처럼 말했다.

"이야, 멋진걸. 네 바램대로 꼭 성공하길 바라."

승복이는 갑자기 승민이가 커 보였다.

'후후, 내가 나중에 네 덕을 보겠다.'

승복이는 마음이 든든해졌다.

퀴즈 표준말에 동그라미 하세요.

➡ 형의 **바람**은 뭐야?

➡ 네 **바램**대로 꼭 성공하길.

실전 문제 3

빈칸에 알맞은 표준말을 쓰고
짧은 글을 소리 내어 읽어 보세요.

1. 꼬부랑 할머니는 걸음이 □□□.

느리다 | 늘이다

2. 친구를 그리워하는 마음이 잘 □□□□ 썼구나.

드러나게 | 들어나게

3. 송이는 □□□를 들고 살금살금 걸어갔다.

뒤꿈치 | 뒷꿈치

4. 차들이 쌩쌩 달리는 □□에 민들레가 피었다.

차길 | 찻길

5. □□□의 짝은 바로 □□□이지.

숟가락 | 숫가락　　젓가락 | 젖가락

6. 송이의 설명이 끝나자 승민이가 □□□ 말했다.

덧붙여 | 더부쳐

7. 얘야, □□□ 않게 조심해야 한다.

닫히지 | 다치지

8. 약속을 □□□ 지켜야 한다.

반듯이 | 반드시

9. 물이 뜨거우니 후후 □□□ 마셔라.

시켜서 | 식혀서

10. 아빠 □□이 빨라서 못 쫓아가겠어요.

거름 | 걸음

11. 네가 오늘 보고 □□ 일을 곰곰 생각해 봐.

격은 | 겪은

12. 우는 아기의 엉덩이에 주사를 □□□.

맞혔다 | 마쳤다

실전 문제 4

빈칸에 알맞은 표준말을 쓰고
짧은 글을 소리 내어 읽어 보세요.

1. 우산 장수는 소금 장수에게 쓴 편지를 ☐☐☐.

부쳤다 | 붙였다

2. 작은 시내인데 보기보다 물이 ☐☐.

깊다 | 깁다

3. 호호, 썩은 ☐☐☐을 잡은 호랑이는 멀쩡할까?

동아줄 | 동앗줄

4. 화장실에 ☐☐ 올 사람 빨리 다녀오세요.

갔다 | 갖다

5. 도서관에 갈 때 우리 모두 ☐☐ 가자.

가치 | 같이

6. 곰곰 생각하니 네가 한 말이 □□.

맞다 | 맡다

7. 신령님께 정성껏 마련한 제물을 □□□□.

받칩니다 | 바칩니다

8. 학용품을 □□□□ 말고 잘 챙겨라.

빠트리지 | 빠뜨리지

9. 10초 안에 맞히는 □□□□ 놀이 하자.

수수깨끼 | 수수께끼

10. □□□□ 놀부는 나중에 가난뱅이가 될 거야.

욕심장이 | 욕심쟁이

11. 고개를 들어 □□을 쳐다봐, 뭐가 보이니?

위쪽 | 윗쪽

12. 고등어를 요리하기 좋게 □□ 내 주세요.

도막 | 토막

가로세로 낱말 퍼즐 1

가로 열쇠

①봄, 여름, 가을, 겨울 네 개의 계절.

②기쁠 때나 장단을 맞출 때 손뼉을 마주침.

③시험 답안의 맞고 틀림을 살피어 점수를 매김.

④더럽거나 어지러운 것을 쓸고 닦아서 깨끗하게 함.

세로 열쇠

㉠굵고 탐스럽게 내리는 눈.

㉡계산을 빠르고 정확하게 할 수 있는 기기.

㉢밭에서 기르는 농작물로 잎, 줄기, 열매를 먹음.

㉣여러 가지 도구로 물고기를 낚는 일.

굵고 탐스럽게 내리는 눈은?

㉠		①	㉡	
②				
	③㉢			㉣
④				

실전 문제 5

빈칸에 알맞은 표준말을 쓰고
짧은 글을 소리 내어 읽어 보세요.

1. 네 생각을 □□□ 말해 봐.

   솔직이 | 솔직히

2. 아빠가 □□에 텃밭을 일구어 고랑을 내었다.

   뒤뜰 | 뒷뜰

3. 재석이는 마시고 난 □□□을 깨끗이 씻어 말렸다.

   우유갑 | 우윳갑

4. □□□에 시골 할머니 집에 가게 되었다.

   오랫만 | 오랜만

5. 쌩쌩, 동수는 있는 힘껏 자전거 □□을 밟았다.

   폐달 | 페달

6. 빗방울이 □□□, 호박잎에 떨어졌다.

후두두 | 후드둑

7. 참새가 큰 메뚜기를 □□로 삼켜 버렸다.

통째 | 통채

8. 송이가 □□으로 날아가는 시늉을 하였다.

몸짓 | 몸짖

9. 끙끙, 팔에 힘이 빠져 화분을 □□□□□.

떨어트렸다 | 떠러뜨렸다

10. 시골에 살기에는 추운 겨울보다 여름이 □□.

낫다 | 낮다

11. 여럿이 부르는 □□□□가 들려왔다.

노래소리 | 노랫소리

12. 모래밭에 □□□이 밀려와 발가락을 간질였다.

바닷물 | 바다물

실전 문제 6

빈칸에 알맞은 표준말을 쓰고
짧은 글을 소리 내어 읽어 보세요.

1. 송이의 손가락은 하얗고 □□□□.

가름하다 | 갸름하다

2. 형이 어려운 수학 문제를 □□□ 주었다.

가르쳐 | 가리켜

3. 일요일에 일찍 일어나다니 □□이니?

웬일 | 왠일

4. 남자가 □□□□같이 좀스러우면 안 되지.

좁살영감 | 좁쌀영감

5. 숙제를 오후 □□□ 내내 했다.

한나절 | 반나절

6. 코로나 때문에 공원에서 □□□□도 못 해요.

숨바꼭질 | 숨박꼭질

7. 으악, 며칠 된 빵에 □□□가 피었어요.

곰팽이 | 곰팡이

8. 우리 할아버지는 □□□로 소문났어요.

멋쟁이 | 멋장이

9. 강아지 곰순이는 털이 □□□□ 부드러워.

복슬복슬 | 복실복실

10. 동실동실, 냇물에 종이배를 □□ 보냈다.

띄워 | 띠워

11. 부모님의 □□□으로 큰 상인이 되었다.

뒷받침 | 뒷바침

12. 감기를 앓고 나니 입맛이 □□□.

당긴다 | 댕긴다

한눈은 안 팔았는데

오뚝이 | 오뚜기?

"야호, 학교 일찍 끝나니까 굉장히 좋다."

"날마다 지각하면서 일찍 끝나는 건 엄청 좋아하네."

송이가 승복이에게 핀잔을 주었다.

"오늘은 지각 안 했어. 우리 한 시간만 놀다 가자."

"안 돼. 엄마가 한눈팔지 말고 곧장 집으로 오라고 했어."

"뭐, 한눈을 판다고. 왜 눈을 팔아?"

"승복이 너 국어 점수 빵점이지?"

"웃기지 마. 내가 제일 잘하는 게 국어야."

"그런데 그 말뜻도 모르니? 한눈팔지 말라는 것은 딴짓하지 말라는 거야. 너한테 아주 잘 어울리는 말이지."

"치, 잘난 체하기는. 동수야, 우리 놀다 가자."

"나도 안 돼. 할아버지 댁에 가야 해."

승복이는 하는 수 없이 송이와 동수를 따라 집으로 향했다.

그러다 승복이가 꽈당 넘어지고 말았다.

"거봐. 한눈팔고 걷다가 넘어졌잖아."

"흥, 괜찮아. 넘어지는 게 뭐 무섭다고. 오뚜기처럼 일어났잖아."

"아프면서."

"남자가 한눈팔다 넘어질 때도 있지. 열 번 넘어져도 벌떡벌떡 일어난다."

승복이는 팔을 힘차게 휘두르며 성큼성큼 앞으로 걸어갔다.

그런데 그만 다시 전봇대에 부딪혀 비명을 지르며 그 자리에 주저앉고 말았다.

"거봐. 한눈파니까 별이 빙글빙글 돌지?"

송이가 깔깔대고 웃었다.

"으, 그래도 난 오뚝이다."

승복이는 진짜 벌떡 일어나 앞으로 달려갔다.

퀴즈 표준말에 동그라미 하세요.

➡ "오뚜기처럼 일어났잖아."

➡ "으, 그래도 난 오뚝이다."

빈칸에 알맞은 표준말을 쓰고
짧은 글을 소리 내어 읽어 보세요.

1. 꽝꽝, 천둥소리에 심장이 □□□□ 뛰었다.

벌넝벌넝 | 벌렁벌렁

2. □□□ 말씀을 잘 새겨들어야 한다.

윗어른 | 웃어른

3. 책벌레 송이는 두꺼운 책을 □□□ 다 읽었다.

틈틈히 | 틈틈이

4. 꽃씨를 뿌리고 '채송화반' □□을 꽂았다.

팻말 | 푯말

5. 엄마 따라 시장에 가 보니 □□□□가 아주 많았다.

먹을거리 | 먹을꺼리

6. 여기 남은 귤 □□□ 오천 원입니다.

통털어 | 통틀어

7. 한 계단씩 □□으로 올라갈수록 헉헉거렸다.

위층 | 윗층

8. 동수는 □□□□□□ 몸짓으로 웃긴다.

우스꽝스러운 | 우수꽝스러운

9. 두 사람은 □□□하다가 주먹다짐까지 벌였다.

말다툼 | 말싸움

10. 풀 뽑느라 수고했으니 □□을 후하게 주마.

품삯 | 품삭

11. 튼튼한 집을 지으려면 □□□을 잘 놓아야 한다.

주춧돌 | 주추돌

12. 오늘이 □□□인데 제비가 돌아올까?

삼짇날 | 삼진날

빈칸에 알맞은 표준말을 쓰고
짧은 글을 소리 내어 읽어 보세요.

1. 자장면은 □□□□□으로 먹어야 더 맛있어.

나무젓가락 | 나무젓가락

2. 등에 붙은 까끄라기가 □□□□ 찌르는 것 같아.

까슬까슬 | 까실까실

3. 작은 잎 모양의 □□□이 꽃을 보호해요.

꽃받침 | 꽃바침

4. 어른이 말씀하실 때 끼어들다니 □□□□.

무례하다 | 무례하다

5. □□ 줄 가운데가 네 자리이다.

세째 | 셋째

6. 승민이와 송이는 머리를 □□□ 궁리하였다.

맞대고 | 맛대고

7. □□□□가 어둠 속을 날아다녔다.

반딧벌레 | 반딧불이

8. 너희 둘은 머리 모양을 □□□ 깎았구나.

똑같게 | 꼭같게

9. 청년들이 도망한 도둑을 □□□□.

뒤쫓았다 | 뒤좇았다

10. 산으로 도망한 도둑은 길을 잃고 □□□□.

헤메었다 | 헤매었다

11. 뒷산에 □□□이 붉게 피어 꽃동산이 되었다.

철죽꽃 | 철쭉꽃

12. □□□□ 막내 때문에 웃음꽃이 핀다.

개구쟁이 | 개구장이

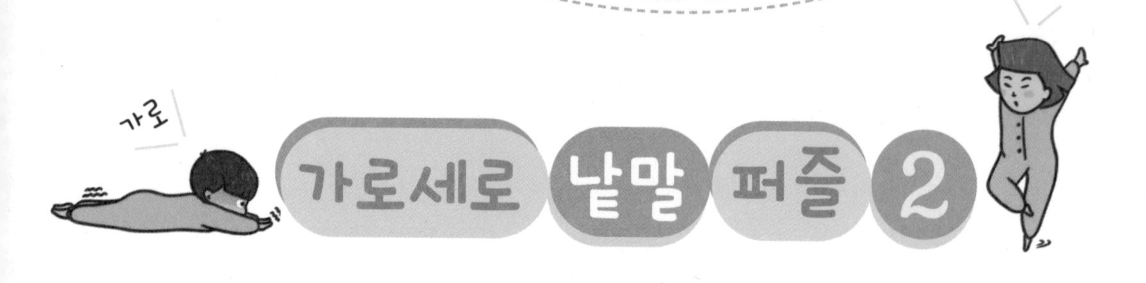

가로세로 낱말 퍼즐 2

가로 열쇠

①다른 사람이 잘되면 미워지는 마음.

②새로운 것이나 모르는 것을 알고 싶어 하는 마음.

③동화를 쓴 책.

④정면으로 맞서 싸움을 거는 것.

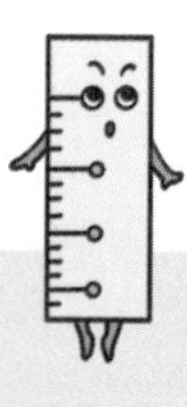

세로 열쇠

㉠코가 막히고 열이 나며 머리가 아픈 호흡 계통의 병.

㉡선거를 하거나 어떤 일을 결정할 때 하는 것.

㉢땅으로 둘러싸여 물이 넓게 고인 곳.

㉣그림을 그리는 데 쓰는 종이.

다른 사람이 잘되면 미워지는 마음은?

	㉠		①	㉡
②㉢				
			㉣	
		③		
④				

실전 문제 9

빈칸에 알맞은 표준말을 쓰고
짧은 글을 소리 내어 읽어 보세요.

1. 재석이가 송이 귀에 무슨 말을 □□□□□.

소곤거렸다 | 소근거렸다

2. 하늘에 □□□□이 뭉실뭉실 떠다녔다.

뭉개구름 | 뭉게구름

3. 고양이가 담장에서 □□□ 뛰어내렸다.

사뿐히 | 사뿐이

4. 배드민턴을 열심히 해서 운동화가 금방 □□□.

닳았다 | 달았다

5. 동수는 □□□□지만 공부할 때는 진지하다.

심술장이 | 심술쟁이

6. 이 글에서 □□된 부분이 어떤 내용일까?

생약 | 생략

7. 칭찬을 들은 동수의 입이 □□□ 벌어졌다.

헤벌죽 | 헤벌쭉

8. 무 먹은 무 아저씨는 뻥뻥 □□□□래요.

방구쟁이 | 방귀쟁이

9. □□, 무지개 떴다.

우아 | 우와

10. 할아버지 □□에 흰 눈이 덮인 것 같다.

눈썹 | 눈섭

11. □□ 꼭대기에서 먼 하늘을 바라보았다.

뒤산 | 뒷산

12. 지도 보는 방법을 □□□ 설명해 주었다.

자세히 | 자세이

실전 문제 10

빈칸에 알맞은 표준말을 쓰고
짧은 글을 소리 내어 읽어 보세요.

1. 쉿, □□□ 열린 틈으로 안을 들여다보았다.

빠끔히 | 빠끔이

2. 동수는 □□는 큰데 씨름은 못 한다.

덩치 | 덩지

3. 목이 말라 찬물을 벌컥벌컥 □□□□□.

들여마셨다 | 들이마셨다

4. 여우는 □□□□ 숲속을 돌아다녔어요.

젠체하고 | 젠채하고

5. 멋 좀 내려고 달랑 □□만 입었더니 추웠다.

셔츠 | 샤쓰

6. 눈 위에 새 □□□이 글씨처럼 찍혀 있었다.

발자욱 | 발자국

7. 새 옷을 입은 내 모습이 정말 □□□□.

근사하다 | 건사하다

8. 구름이 걷히고 멀리 □□□□가 드러났다.

산봉우리 | 산봉오리

9. 추워서 볼이 발간 아기를 보니 □□□□.

안스럽다 | 안쓰럽다

10. □□□□□□ 핑계 대지 말아라.

어쩌고저쩌고 | 어쩌구저쩌구

11. 이삭이 수북하게 달린 □□을 들어 날랐다.

볏단 | 볕단

12. 영태가 덩치 큰 동수를 단숨에 □□□□□.

넘어뜨렸다 | 넘어트렸다

외래어 바르게 익히기

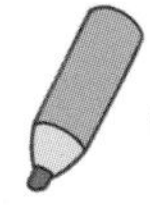

맞는 낱말에 동그라미 하세요.

가스랜지	가스레인지
기부스	깁스
데이터	데이타
도너츠	도넛
돈가스	돈까스
리더십	리더쉽
로봇	로봇트
링게르	링거
메시지	메세지
바베큐	바비큐
배지	뺏지
뷔페	부페
셀러드	샐러드
소세지	소시지

소파	쇼파
수프	스프
슈퍼마켓	수퍼마켓
스폰지	스펀지
악세사리	액세서리
앵콜	앙코르
에어콘	에어컨
앰뷸런스	앰블런스
쥬스	주스
캐럴	캐롤
커닝	컨닝
초컬렛	초콜릿
텔레비전	텔레비젼
트롯트	트로트
파이팅	화이팅
팸플릿	팜플렛
프라이팬	후라이팬

실전 문제 11

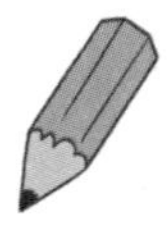

빈칸에 알맞은 표준말을 쓰고
짧은 글을 소리 내어 읽어 보세요.

1. 영어 좀 잘한다고 되게 □□□□.

   으스대다 | 으시대다

2. 썰물이 되자 넓은 □□이 드러났다.

   개펄 | 갯벌

3. □□□□도 아랑곳없이 매미들은 신나게 노래한다.

   불볕더위 | 불볕더위

4. 100점 시험지를 본 엄마가 □□□□ 웃었다.

   흐뭇하게 | 흐뭇하게

5. 병아리들이 따사로운 □□을 쬐며 삐악거렸다.

   햇볕 | 해볕

6. 휘익, 검은 □□가 스쳐 지나갔다.

물채 | 물체

7. □□□□에도 노란 민들레가 피었다.

꽃셈추위 | 꽃샘추위

8. 문장을 왜 □□ 쓰는 거예요?

띄어 | 띠어

9. □□ 없는 무덤이 없다는 속담 뜻은?

핑계 | 핑게

10. 깜짝 놀라서 눈이 □□□□□□.

휘둥그래졌다 | 휘둥그레졌다

11. 날리는 눈송이가 얼굴에 □□□ 부딪쳤다.

차겁게 | 차갑게

12. 이야기를 하던 할아버지가 □□□ 잠이 들었다.

까무륵 | 까무룩

빈칸에 알맞은 표준말을 쓰고
짧은 글을 소리 내어 읽어 보세요.

1. 엄마, 제발 강아지 키우게 □□해 주세요.

승낙 | 승락

2. 닭들이 꼬꼬거리며 □□□ 달려왔다.

우루르 | 우르르

3. 재석이는 헐렁한 허리띠를 □□ 매었다.

질끈 | 불끈

4. 알림판에 학예회 프로그램을 □□□□□.

게시하였다 | 계시하였다

5. □□□ 무슨 생각을 하고 있는 거니?

도대체 | 도대채

6. 엄마가 해 준 □□□ 정말 맛있어요.

볶은밥 | 볶음밥

7. 노란 □□□을 주워 책갈피에 넣었다.

나무잎 | 나뭇잎

8. 동준이가 내 손을 □□ 잡고 흔들었다.

덥썩 | 덥석

9. 이불 속에서 □□ 나오지 못하겠니.

닁큼 | 냉큼

10. 둘이 무슨 비밀 이야기를 □□□□□?

속닥거리니 | 쏙딱거리니

11. 입안에서 사탕을 굴리다가 □□ 삼켰다.

꿀꺽 | 꿀걱

12. 빵 반죽이 둥글고 크게 □□□□.

부풀었다 | 부플었다

맞춤법 동화 3

정성이 깃든 맛

찌개 | 찌게?

엄마, 아빠의 결혼기념일이 다가왔다.

"형, 저녁을 우리가 준비하자."

"우리가 음식을 어떻게 해?"

"그러게 누가 선물 살 돈으로 게임하고, 과자 사 먹으래."

"또 그 얘기. 알았어, 뭐 할 건데?"

"엄마가 밥도 해 놓고, 반찬도 해 놓잖아. 그러니까 우리가 국만 끓이자."

"너 국 끓일 줄 알아?"

"형 못 끓여?"

"못 해."

"그럼 엄마가 국 끓이는 거 지켜보다가 결혼기념일에 만들자."

그날부터 승복이와 승민이는 엄마를 졸졸 따라다니며 주방 일을 익혔다.

드디어 결혼기념일. 승복이와 승민이는 종이에 적은 대로 된장국을 끓였다.

"짠."

승복이와 승민이는 된장국을 식탁에 차렸다.

"저희가 끓인 된장국이에요. 엄마, 아빠 결혼기념일 축하드려요!"

엄마, 아빠는 놀라면서 된장국을 맛보았다.

"이게 된장국이냐, 된장**찌개**냐?"

"예?"

"국치고는 너무 진하고, **찌게**라고 하기는 너무 묽고."

아빠의 말에 승복이와 승민이는 기운이 빠졌다. 맛있게 끓이려고 했는데 망친 것 같았기 때문이다.

"그래도 맛은 최고. 우리 아들들 정성이 깃든 맛이야!"

엄마가 엄지 척을 하며 웃었다.

"음, 나도 맛있어!"

아빠도 양손 엄지를 세워 칭찬해 주었다.

퀴즈 표준말에 동그라미 하세요.

➡ "이게 된장국이냐, 된장**찌개**냐?"

➡ "**찌게**라고 하기는 너무 묽고."

실전 문제 13

빈칸에 알맞은 표준말을 쓰고
짧은 글을 소리 내어 읽어 보세요.

1. ☐☐ 속에 번쩍번쩍 금화가 가득했다.

궤짝 | 괘짝

2. 연못 ☐☐에 작은 나무를 심었어요.

둘래 | 둘레

3. 왕비는 ☐☐를 끌러 공주에게 주었다.

팔지 | 팔찌

4. 우리 귀여운 막내 ☐☐☐가 어디 갔을까?

꼬맹이 | 꼬멩이

5. 애걔, ☐☐☐☐ 연필 한 자루가 생일 선물이냐.

쨰쨰하게 | 쩨쩨하게

6. 봄비가 마른 □□을 촉촉이 적셔 주었다.

풀닢 | 풀잎

7. 더운 여름이라서 머리를 □□ 깎았다.

짧게 | 잚게

8. 창문 □□ 숲에서 새들이 지저귀었다.

너머 | 넘어

9. 식구들이 빙 둘러앉아 송편을 □□□.

빚었다 | 빗었다

10. 봐, 내 □□□ 어때?

옷맵시 | 옷맵씨

11. 베짱아, □□ 노래만 부르니 목이 아프지?

만날 | 맨날

12. 글씨가 깨알같이 □□□ 못 읽겠구나.

적어서 | 작아서

실전 문제 14

빈칸에 알맞은 표준말을 쓰고
짧은 글을 소리 내어 읽어 보세요.

1. 세상에서 가장 큰 □(□).

무 | 무우

2. 자, □□□를 끼고 팔을 쭉 위로 올려요.

손깎지 | 손깍지

3. □□□에 동화책이 가지런히 꽂혀 있다.

책꽂이 | 책꽃이

4. 할머니는 화가 나면 □□□로 중얼거려요.

혼잣말 | 혼자말

5. □□에 때가 끼지 않게 깨끗이 닦아야 해.

배곱 | 배꼽

6. 바보 온달은 오두막 □□□에 살고 있었어요.

단칸방 | 단간방

7. 딱딱딱, □□□□는 얼마나 부리가 아플까.

딱다구리 | 딱따구리

8. □□□ 폭설까지 내려 차가 막혔다.

더욱이 | 더우기

9. 송이는 □□□ 진 눈이 예쁘구나.

쌍꺼풀 | 쌍까플

10. 발바리는 □□□를 장난감처럼 가지고 놀았다.

뼈다귀 | 뼈다구

11. □□이 꼬끼오, 목을 빼고 울었다.

숫닭 | 수탉

12. □□□□가 아른아른 피어올랐어요.

아지랑이 | 아지랭이

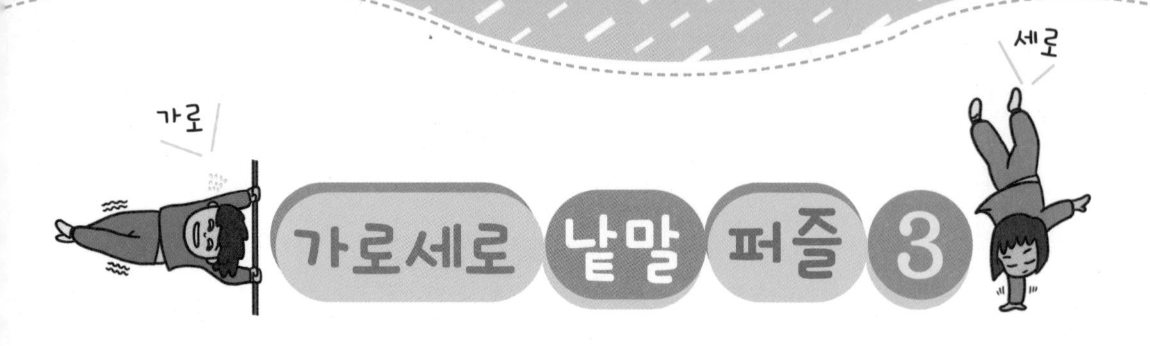

가로 열쇠

①물이 얼어서 굳어진 것.

②스포츠를 직업으로 하는 사람.

③물에서 사는 지느러미가 있는 동물.

④사람이나 동물이 태어나서 살아온 햇수.

세로 열쇠

㉠악기를 통하여 감정을 나타내는 예술.

㉡남에게 준비한 물건을 주는 것.

㉢동물을 관람할 수 있도록 시설을 갖춘 곳.

㉣걸을 때 도움을 얻기 위하여 짚는 막대기.

남에게 준비한 물건을 주는 것은?

①	㉠		②㉡	
㉢				㉣
③				
			④	

실전 문제 15

빈칸에 알맞은 표준말을 쓰고
짧은 글을 소리 내어 읽어 보세요.

1. □□(□) 잡동사니를 다 모아 놓았네.

온갖 | 온가지

2. 벌판을 바라보며 앞으로 □□□(□).

나아갔다 | 나갔다

3. 팽이를 □□□ 깎아 만드는지 모르겠어요.

어떻게 | 어떡해

4. 몇 번 소리쳐 부르자 □□□ 대답을 했다.

그제야 | 그제사

5. □□□ 숙제도 안 하고 무엇 했니?

여지껏 | 여태껏

6. 토끼는 왜 □□가 짧을까요?

꽁지 | 꼬리

7. 그 약속 □□이나 갈지 두고 봐야지.

며칠 | 몇일

8. 승민이는 하품을 하며 □□□ 일어났다.

부스스 | 부시시

9. 쥐들이 약아서 □□을 피해 다닌다.

쥐덫 | 쥐덧

10. □□□라고 깔보다가 큰코다친다.

애숭이 | 애송이

11. 까르륵, 아기가 □□ 울음을 터뜨렸다.

연신 | 연방

12. □□□ 바위에 벌렁 누웠다.

편평한 | 편판한

실전 문제 16

빈칸에 알맞은 표준말을 쓰고
짧은 글을 소리 내어 읽어 보세요.

1. 난 세상에서 □□□이 제일 맛있어.

자장면 | 짜장면

2. □□에는 아직 눈이 쌓여 있다.

응달 | 음달

3. 아빠가 오늘 □□□ 출근하셨다.

일찌기 | 일찍이

4. 어제 송이와 한 약속을 깜빡 □□□□□.

잃어버렸다 | 잊어버렸다

5. □□□□를 했더니 추위가 싹 가셨다.

술레잡기 | 술래잡기

6. □□이 높으면 층간 소음이 안 들릴 거야.

천정 | 천장

7. 높은 나뭇가지의 새 둥지를 □□□□□.

바라보았다 | 쳐다보았다

8. 차 다니는 □□에서 놀면 안 돼요.

한길 | 행길

9. □□, 달님 사랑해요.

햇님 | 해님

10. 달리기를 한 동수는 갑자기 □□□이 일었다.

현기증 | 현깃증

11. 언제 푼돈 모아서 □□을 만들까.

몫돈 | 목돈

12. 새우야, 고래 싸움에 □□□□ 등 터진다.

끼여들다 | 끼어들다

행복한 나의 집

칸 | 간?

강아지 탱글이가 가출을 했다.

"야, 왜 가출을 했어?"

강아지 달래가 탱글이의 소식을 듣고 놀이터로 달려왔다.

"형준이가 주둥이를 때리잖아."

"왜 때렸는데?"

"형준이가 햄버거를 먹다가 소파에 놓고 화장실에 갔어. 그래서 내가 먹었지."

"으그, 형준이가 얼마나 먹본데 그걸 뺏어 먹냐?"

"다 먹은 줄 알았지. 아무튼 난 집에 안 들어가. 그깟 햄버거 반쪽 때문에 나를 때리다니…. 멍멍 미워."

"그렇다고 집에 안 들어갈 거야. 이 추운 겨울에 어디서 지내려고?"

"넓은 세상에 나 하나 지낼 곳 없을까."

탱글이는 단단히 삐쳐서 계속 걷기만 했다. 달래도 덩달아 탱글이를 따라 걸었다.

그때였다. 놀이터 미끄럼틀 아래 검둥이가 엎드려 있었다. 탱글이와 달래는 낯선 검둥이에게 달려갔다.

검둥이는 삐쩍 마르고, 추위에 덜덜 떨고 있었다.

"너 누구니?"

"난 이름이 없어. 떠돌이야."

"왜 추운 겨울에 떠돌고 그래?"

"집이 없으니까. 따뜻하게 내 몸 데울 방 한 간 없어."

이름도 없고, 허기져서 벌벌 떨고 있는 떠돌이 모습에 탱글이는 눈물이 핑 돌았다.

"내가 이불을 가져다줄게."

달래와 탱글이는 검둥이에게 이불과 먹을 것을 가져다주었다.

"나 집으로 들어갈래. 따뜻한 방 한 칸 있다는 게 얼마나 큰 행복인지 이제 알았어."

퀴즈 표준말에 동그라미 하세요.

➡ "내 몸 데울 방 한 **간** 없어."

➡ "따뜻한 방 한 **칸** 있다는 게 얼마나 큰 행복인지…."

빈칸에 알맞은 표준말을 쓰고
짧은 글을 소리 내어 읽어 보세요.

1. 선생님, □□이 먼저예요, 닭이 먼저예요?

계란 | 달걀

2. 좋은 □□은 노트에 적어 외었다.

구절 | 귀절

3. □□ 소문이 사방에 퍼졌다.

금세 | 금시

4. 아빠는 금방 담근 □□□ 맛을 좋아한다.

깍두기 | 깍뚜기

5. 시골에서는 나뭇잎이나 돌이 □□□이다.

놀이감 | 놀잇감

6. □□□ 꾀를 부리면 안 된다.

어물쩍 | 어물쩡

7. 동수는 호두 □□(□)를(을) 망치로 때려 깼다.

껍데기 | 껍질

8. 선생님이 □□□과 선녀 이야기를 구연했다.

나무꾼 | 나뭇꾼

9. 호박 □□에 호박이 주렁주렁 열렸다.

덩굴 | 덩쿨

10. 동수가 약을 올리며 화를 □□□□.

돋구었다 | 돋우었다

11. 바람 불고 추우니 옷을 □□□ 입어라.

두텁게 | 두껍게

12. 승민이는 고등어□□, 꽁치□□ 다 잘 먹는다.

든지 |던지

실전 문제 18

빈칸에 알맞은 표준말을 쓰고
짧은 글을 소리 내어 읽어 보세요.

1. 할머니는 만날 "우리 똥강아지 □□□."라고 한다.

예쁘다 | 이쁘다

2. 승민이의 태도는 □□□□ 자신만만했다.

늠름하고 | 느름하고

3. 높은 □□를 베고 잤더니 고개가 아파요.

벼개 | 베개

4. 아침 일찍 온 두부 □□가 종을 울린다.

장수 | 장사

5. 역사의 비밀을 □□하는 공부를 시작했다.

추적 | 추격

6. 무엇으로 성공할지 재능을 □□해야 해.

계발 | 개발

7. 쌍둥이라도 생김이 서로 □□ 거야.

다른 | 틀린

8. 인절미에 콩가루를 골고루 □□□.

묻혔다 | 무쳤다

9. 할아버지가 남긴 그림을 잘 □□해야 해요 .

보존 | 보전

10. 악, □□□□에서 떨어지는 꿈을 꾸었다.

낭떨어지 | 낭떠러지

11. 마술이 속임수인데도 재미있고 □□□□.

신비하다 | 신기하다

12. 어른 말씀에 버릇없이 □□□하지 말거라.

말대꾸 | 말대구

가로세로 낱말 퍼즐 4

가로 열쇠

①사람을 부를 때 울리는 종.

②초에 켠 불.

③돈이나 재물을 쓰는 데에 몹시 인색한 사람.

④사람의 성 다음에 붙여 그 사람만을 부르는 말.

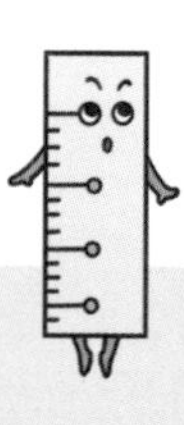

세로 열쇠

㉠누군가를 만나거나 헤어질 때 하는 것.

㉡잠을 잘 때 덮는 것으로 천 등으로 만든 것.

㉢돌덩이보다 작은 돌.

㉣서로 친하게 지내는 사람.

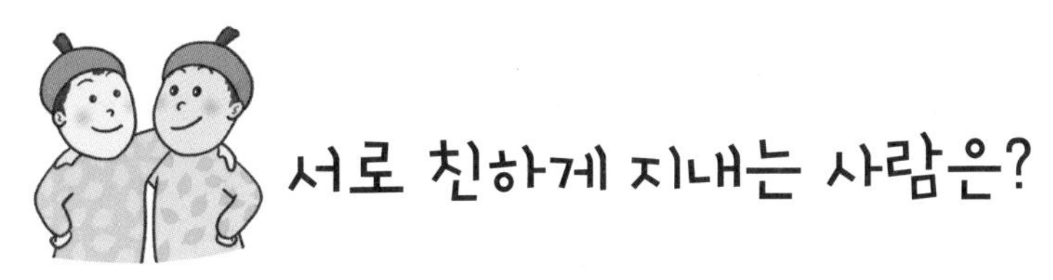

서로 친하게 지내는 사람은?

①	㉠			㉡
			②	
㉢		㉣		
		③		
④				

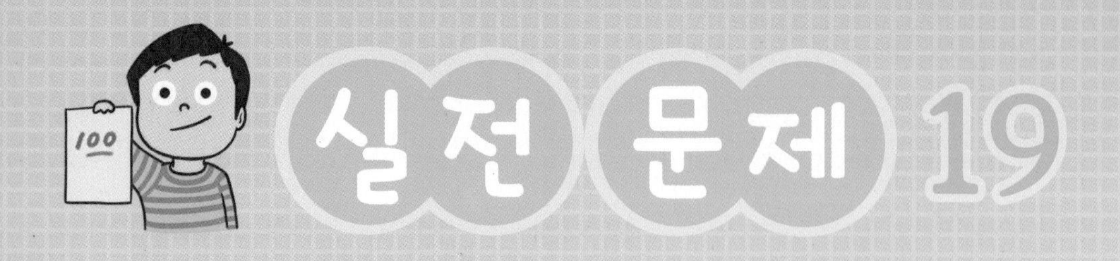

빈칸에 알맞은 표준말을 쓰고
짧은 글을 소리 내어 읽어 보세요.

1. □□□ 일은 누워서 떡 먹기보다 쉽지.

그까짓 | 그까짓

2. 할아버지는 텃밭에 감자 농사를 □□□.

짓는다 | 짖는다

3. 쪼그리고 오래 앉아서 발이 □□□.

저리다 | 절이다

4. 한 손으로 땅 □□ 윗몸일으키기 한 번도 못 한다.

집고 | 짚고

5. 안개가 □□□ 백록담이 환히 드러났다.

걷히자 | 거치자

6. 감자 씨를 심고 풀을 썩힌 □□을 듬뿍 뿌렸다.

걸음 | 거름

7. 지각할까 봐 조마조마 마음을 □□□.

졸였다 | 조렸다

8. 놀부네 □□에는 곡식이 쌓여 넘쳤다.

곳간 | 곶간

9. 백구는 던져 주는 □□□□를 덥석 받아먹었다.

고기덩이 | 고깃덩이

10. 송이가 약을 올리며 혀를 □□ 내밀었다.

낼름 | 날름

11. □□로 밥을 지었더니 맛있구나.

햇쌀 | 햅쌀

12. □□□□ 코로나19가 사라질 것이다.

멀지않아 | 머지않아

더 궁금한 낱말

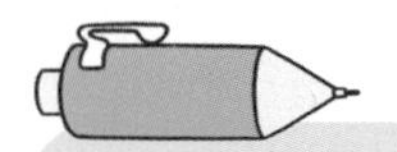

수량을 나타내는 낱말

채:집이나 이불을 세는 단위.

살:나이를 세는 단위.

마리:짐승이나 물고기, 벌레 등을 세는 단위.

명:사람을 세는 단위.

그루:나무를 세는 단위.

벌:옷을 세는 단위.

자루:연장, 필기도구, 무기 등을 세는 단위.

권:책을 세는 단위.

개:낱으로 된 물건을 셀 때 쓰는 단위.

톨:밤이나 곡식의 낱알을 세는 단위.

켤레:신, 양말 등 짝이 되는 두 개를 한 벌로 셀 때 쓰는 단위.

척:배를 세는 단위.

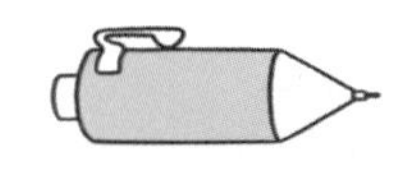

수량의 단위

사과, 배, 무, 배추, 마늘:한 접(백 개).

두부, 묵:한 모.

갈비:한 짝.

굴비:한 두름(스무 마리).

북어:한 쾌(스무 마리).

명태:한 태(나무 꼬챙이에 꿴 말린 명태 스무 마리).

고등어, 조기:한 손(두 마리).

고사리:한 모숨(한 줌 분량).

탕약:한 제(스무 첩).

장작:한 강다리(쪼갠 장작 백 개비).

달걀:한 꾸러미(꾸리어 싼 열 개).

실전 문제 20

빈칸에 알맞은 표준말을 쓰고
짧은 글을 소리 내어 읽어 보세요.

1. 어이쿠, 동수는 □□□에 걸려 넘어지고 말았다.

돌부리 | 돌뿌리

2. 쉿, □□ 새가 듣지 않게 소곤소곤!

낱말 | 낮말

3. 이야기의 □□가 무엇인지 설명해 보자.

주재 | 주제

4. 에구, □□□ 일을 벌써 까먹었네.

엇그제 | 엊그제

5. 집을 떠나 봐야 □□□ 집이 좋다는 걸 알 거야.

비로소 | 비로서

6. 밭 이랑에 □□□ 씨를 심었다.

강냉이 | 옥수수

7. 엄마는 겨울에도 시원한 □□□□를 먹는다.

메밀국수 | 모밀국수

8. 콩 자루에 구멍이 나 콩이 사방으로 □□□□.

흩어졌다 | 흐터졌다

9. 옷을 □□□에 걸어 놓으면 구겨지지 않지.

옷걸이 | 옷거리

10. 마을 □□에서 할머니가 기다리고 있었다.

어구 | 어귀

11. 동수는 □□가 나서 눈물을 글썽거렸다.

부아 | 부화

12. 암탉이 알을 낳기 위해 □□(□)로 들어갔다.

둥우리 | 둥지

가로세로 낱말 퍼즐 5

가로 열쇠

①눕거나 앉아 있다가 갑자기 일어나는 모양.

②아침과 저녁 식사 중간에 하는 식사.

③여러 가지 색깔로 물들인 종이.

④다른 사람과 어떤 일을 하기로 미리 정함.

세로 열쇠

㉠무엇을 지나치게 가지고 싶어 하는 마음.

㉡가래떡에 채소와 양념을 넣어 볶아 만든 음식.

㉢약사가 약을 만들거나 파는 곳.

㉣무릎과 발목 사이의 뒤쪽 근육 부분.

여러 가지 색깔로 물들인 종이는?

	㉠		①	㉡
②				
		③	㉣	
④㉢				

◀붙임▶

여러 가지 국어 활동

1. 20자 한 줄 글쓰기

2. 의성어와 의태어 익히기

3. 부사 익히기

   -'이'일까, '히'일까?

20자 한 줄 글쓰기

아래 낱말을 넣어 20자 정도의 글을 써 보세요.

귓속말

냠냠

지우개

아래쪽

꽃잎

주룩주룩

찻길

반드시

걸음

동아줄

욕심쟁이

위쪽

솔직히

뒤뜰

페달

후두두

노랫소리

바닷물

좁쌀영감

반나절

숨바꼭질

멋쟁이

복슬복슬

벌떡벌떡

튼튼이

케이크

말다툼

나무젓가락

까슬까슬

들쭉날쭉

개구쟁이

뭉게구름

심술쟁이

방귀쟁이

빠끔히

발자국

어쩌고저쩌고

으스대다

꽃샘추위

휘둥그레졌다

까무룩

헐레벌떡

나뭇잎

꿀꺽

꼬맹이

만날

혼잣말

아지랑이

온갖

꼬리

애송이

자장면

일찍이

풍비박산

목돈

달걀

어물쩍

나무꾼

넝쿨

말싸움

송골송골

신기하다

말대꾸

날름

낭송

엊그제

비로소

부아

의성어와 의태어 익히기

의성어

가랑가랑 쇠붙이 따위가 끌리거나 구르는 소리.

구구 닭이나 비둘기 따위가 우는 소리.

까옥까옥 까마귀가 잇따라 우는 소리.

깍깍 까마귀나 까치 따위가 자꾸 우는 소리.

깔깔 되바라진 목소리로 못 참을 듯이 웃는 소리.

깽깽 강아지 따위가 놀라거나 아파서 애달프게 자꾸 짖는 소리.

꼬르륵꼬르륵 배 속이나 대통의 진 따위가 잇따라 끓는 소리.

달가당달가당 작고 단단한 물건이 자꾸 부딪쳐 울리는 소리.

달그락달그락 작고 단단한 물건이 자꾸 부딪쳐 흔들리면서 맞닿는 소리.

달랑달랑 작은 방울이나 매달린 물체 따위가 자꾸 흔들리는 소리.

댕글댕글 책을 막힘없이 줄줄 잘 읽는 소리.

도란도란 여럿이 나직한 목소리로 정답게 이야기하는 소리(또는 모양).

두런두런 여럿이 나지막한 목소리로 조용히 서로 이야기하는 소리.

드르렁드르렁 매우 요란하게 코를 자꾸 고는 소리.

따옥따옥 따오기가 우는 소리.

땍때구루루 작고 단단한 물건이 다른 물건에 부딪치면서 빨리 굴러 가는 소리.

뛰뛰빵빵 자동차가 잇따라 경적을 울리는 소리.

맹꽁맹꽁 맹꽁이가 잇따라 우는 소리.

바삭바삭 가랑잎이나 마른 검불 따위의 잘 마른 물건을 잇따라 가볍게 밟는 소리.

버석버석 가랑잎이나 마른 검불 따위의 잘 마른 물건을 잇따라 밟는 소리.

빠각빠각 작고 단단한 물건이나 질기고 빳빳한 물건이 자꾸 맞닿을 때 나는 소리.

뽀도독 단단하고 질기거나 반드러운 물건을 야무지게 비비거나 문지르는 소리.

삘리리삘리리 피리 따위를 흥겹게 부는 소리.

살강살강 설익은 곡식이나 열매 따위가 자꾸 가볍게 씹히는 소리.

쌔근쌔근 어린아이가 곤히 잠들어 조용하게 자꾸 숨 쉬는 소리.

씨르륵씨르륵 여치 따위의 풀벌레가 자꾸 우는 소리.

아삭아삭 단단하고 깨지기 쉬운 물건이 가볍게 부서질 때 나는 소리.

오도독오도독 작고 단단한 물건을 잇따라 깨무는 소리.

와르릉와르릉 무엇이 무너지거나 흔들리면서 잇따라 요란스럽게 울리는 소리.

와작와작 김치나 무 따위의 조금 단단한 물체를 자꾸 마구 깨물어 씹을 때 나는 소리.

왁자그르르 여럿이 한데 모여 시끄럽게 웃고 떠드는 소리.

우걱우걱 짐을 진 마소가 걸음을 걸을 때마다 잇따라 나는 소리.

웅얼웅얼 글이나 노래 따위를 입속말로 자꾸 읽거나 읊는 소리.

재잘재잘 낮고 빠른 목소리로 자꾸 재깔이는 소리.

종알종알 주로 여자나 아이들이 남이 잘 알아듣지 못할 정도의 작은 목소리로 혼잣말을 자꾸 하는 소리.

짤랑짤랑 작은 방울이나 얇은 쇠붙이 따위가 자꾸 흔들리거나 부딪쳐 울리는 소리.

쪼록쪼록 가는 물줄기나 빗물 따위가 빠르게 자꾸 흐르거나 내리는 소리.

쪼르르 가는 물줄기 따위가 빠르게 흘러내리는 소리.

콜록콜록 감기나 천식 따위로 가슴 속에서 울려 나오는 기침 소리.

파르르 적은 양의 액체가 가볍게 끓어오를 때 나는 소리.

포르르 작은 새 따위가 갑자기 날아갈 때 나는 소리.

포드닥 작은 새가 갑자기 날개를 치며 날아가는 소리.

호드득 깨나 콩 따위를 볶을 때 작게 튀는 소리.

호로록호로록 작은 새 따위가 날개를 잇따라 가볍게 치며 날아가는 소리.

후루룩후루룩 새 따위가 날개를 잇따라 가볍게 치며 갑자기 날아가는 소리.

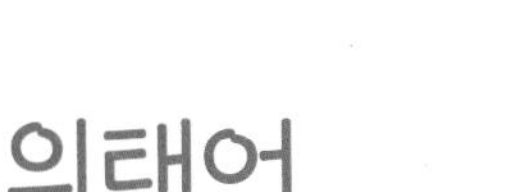

의태어

가닥가닥 물기가 약간 마른 모양.

가뭇가뭇 군데군데 가무스름한 모양.

가슬가슬 살결이나 물건의 거죽이 매끄럽지 않고 가칠하거나 빳빳한 모양.

갈팡질팡 갈피를 잡지 못하고 이리저리 헤매는 모양.

갸웃갸웃 고개나 몸을 자꾸 갸울이는 모양.

곰실곰실 작은 벌레 따위가 한데 어우러져 조금씩 굼뜨게 자꾸 움직이는 모양.

늘쩡늘쩡 느른한 태도로 쉬엄쉬엄 느리게 행동하는 모양.

다듬다듬 말을 하거나 글을 읽으면서 조금 더듬거리는 모양.

당실당실 춤을 추거나 할 때 팔과 다리를 나울거리는 모양.

대롱대롱 작은 물건이 매달려 가볍게 잇따라 흔들리는 모양.

도란도란 나직한 목소리로 정답게 이야기 하는 모양(또는 소리).

둥싯둥싯 몸을 굼뜨고 거추장스럽게 자꾸 움직이는 모양.

따따부따 딱딱한 말씨로 시비하는 모양.

말똥말똥 눈빛이나 정신 따위가 맑고 생기가 있는 모양.

물렁물렁 사람의 몸이나 기질, 또는 규율 따위가 무르고 썩 약한 모양.

바동바동 눕거나 앉거나 매달려서 작은 팔다리를 내저으며 자꾸 움직이는 모양.

벅적벅적 많은 사람이 넓은 곳에 모여 매우 어수선하게 자꾸 움직이는 모양.

부슬부슬 눈이나 비가 조용히 드문드문 내리는 모양.

사풋사풋 소리가 거의 나지 않을 정도로 매우 가볍고 빠르게 발을 내디디며 걷는 모양.

산들산들 사늘한 바람이 가볍고 보드랍게 자꾸 부는 모양.

살근살근 힘들이지 않고 살그머니 가볍게 행동하는 모양.

살랑살랑 팔이나 꼬리 따위를 가볍게 자꾸 흔드는 모양.

살래살래 몸의 한 부분을 가볍게 잇달아 가로흔드는 모양.

새롱새롱 경솔하고 방정맞게 까불며 자꾸 지껄이는 모양.

새실새실 조심하지 않고 까불며 자꾸 웃는 모양.

싱숭생숭 마음이 들떠서 어수선하고 갈팡질팡하는 모양.

아롱다롱 여러 가지 빛깔의 작은 점이나 줄 따위가 고르지 아니하고 촘촘하게 무늬를 이룬 모양.

어정어정 키가 큰 사람이나 짐승이 이리저리 천천히 걷는 모양.

오돌토돌 거죽이나 바닥이 고르지 아니하게 군데군데 도드라져 있는 모양.

우렁우렁 소리가 매우 크게 울리는 모양.

재잘재잘 낮은 목소리로 자꾸 재깔이는 모양.

졸랑졸랑 가볍고 경망스럽게 자꾸 까부는 모양.

쪼록쪼록 잔주름이 고르게 많이 잡힌 모양.

찰랑찰랑 물체 따위가 물결치는 것처럼 부드럽게 자꾸 흔들리는 모양.

찰싹찰싹 사람 사이의 관계가 뗄 수 없을 정도로 아주 긴밀하게 맺어진 모양.

펄쩍펄쩍 문이나 뚜껑 따위를 급작스럽게 자꾸 여는 모양.

허우적허우적 손발 따위를 자꾸 이리저리 마구 내두르는 모양.

흘끗흘끗 곁눈으로 슬쩍 자꾸 흘겨보는 모양.

부사 익히기

'이'일까, '히'일까?

부사의 끝을 '이'로 적는 낱말

가까이	깨끗이
가엾이	꿋꿋이
간간이	나날이
결결이	날카로이
겹겹이	너부죽이
고이	널찍이
곰곰이	누누이
곳곳이	느긋이
길길이	다달이

다복이	번번이
다소곳이	뻴쭉이
대수로이	번뜻이
둥긋이	뱅긋이
따뜻이	봉긋이
또렷이	부득이
많이	사붓이
멀찍이	산뜻이
반듯이	색색이
버젓이	생긋이
번거로이	선뜻이

소복이	짬짬이
알알이	쫑긋이
오롯이	쭈뼛이
외로이	참참이
의젓이	철철이
일일이	층층이
적이	칸칸이
점점이	켜켜이
줄줄이	턱없이
지긋이	틈틈이
집집이	헛되이

부사의 끝을 '히'로 적는 낱말

가만히
각별히
간단히
간소히
거뜬히
고요히
골똘히
공고히
공손히
공평히
과감히

교묘히
급급히
꼼꼼히
나란히
냉랭히
냉정히
넉넉히
능히
다급히
단단히
단순히

담담히	부단히
당당히	분명히
당연히	불쌍히
대담히	상당히
도저히	상세히
마땅히	선선히
멀쩡히	섭섭히
무단히	세세히
무던히	소상히
무성히	소홀히
무수히	솔직히
번번히	순순히

시원히	처절히
심히	천천히
쓸쓸히	철저히
안녕히	촘촘히
엄숙히	측은히
엄중히	탄탄히
열심히	탐탁히
영원히	튼튼히
원만히	포근히
자세히	함초롬히
정중히	허전히
조용히	후련히

정답

★정답은, 이 책에 제시된 문장을 기준으로 한 표준어입니다.
★정답이 동의어(뜻이 같은 말)인 경우 두 가지 낱말을 표기하였습니다.
★정답의 낱말 뜻은 〈국립국어원 표준국어대사전〉을 참조하기 바랍니다.

실전 문제 1

1)토마토 2)쇠고기, 소고기 3)낱말 4)귓속말 5)손뼉 6)빨간색
7)게으름쟁이 8)콧방귀 9)냠냠 10)곶감 11)인사말 12)바깥쪽

실전 문제 2

1)지우개 2)눈초리 3)빚 4)받침 5)아래쪽 6)반가워서
7)천천히 8)꽂아 9)꽃잎 10)늦장 11)돌멩이 12)나무꾼

실전 문제 3

1)느리다 2)드러나게 3)뒤꿈치 4)찻길 5)숟가락, 젓가락 6)덧붙여
7)다치지 8)반드시 9)식혀서 10)걸음 11)겪은 12)맞혔다

실전 문제 4

1)부쳤다 2)깊다 3)동아줄 4)갔다 5)같이 6)맞다 7)바칩니다
8)빠트리지, 빠뜨리지 9)수수께끼 10)욕심쟁이 11)위쪽 12)토막, 도막

실전 문제 5

1)솔직히 2)뒤뜰 3)우유갑 4)오랜만 5)페달 6)후두두
7)통째 8)몸짓 9)떨어트렸다 10)낫다 11)노랫소리 12)바닷물

실전 문제 6

1)갸름하다 2)가르쳐 3)웬일 4)좁쌀영감 5)반나절 6)숨바꼭질
7)곰팡이 8)멋쟁이 9)복슬복슬 10)띄워 11)뒷받침 12)당긴다

실전 문제 7

1)벌렁벌렁 2)웃어른 3)틈틈이 4)팻말 5)먹을거리 6)통틀어
7)위층 8)우스꽝스러운 9)말다툼, 말싸움 10)품삯 11)주춧돌
12)삼짇날

실전 문제 8

1)나무젓가락 2)까슬까슬 3)꽃받침 4)무례하다 5)셋째 6)맞대고
7)반딧벌레, 반딧불이 8)똑같게 9)뒤쫓았다 10)헤매었다
11)철쭉꽃 12)개구쟁이

실전 문제 9

1)소곤거렸다 2)뭉게구름 3)사뿐히 4)닮았다 5)심술쟁이 6)생략
7)헤벌쭉 8)방귀쟁이 9)우아 10)눈썹 11)뒷산 12)자세히

실전 문제 10

1)빠끔히 2)덩치 3)들이마셨다 4)젠체하고 5)셔츠, 샤쓰 6)발자국
7)근사하다 8)산봉우리 9)안쓰럽다 10)어쩌고저쩌고 11)볏단
12)넘어뜨렸다, 넘어트렸다

실전 문제 11

1)으스대다 2)개펄, 갯벌 3)불볕더위 4)흐뭇하게 5)햇볕 6)물체
7)꽃샘추위 8)띄어 9)핑계 10)휘둥그레졌다 11)차갑게 12)까무룩

실전 문제 12

1)승낙 2)우르르 3)질끈 4)게시하였다 5)도대체 6)볶음밥
7)나뭇잎 8)덥석 9)닝큼, 냉큼 10)속닥거리니 11)꿀꺽 12)부풀었다

실전 문제 13

1)궤짝 2)둘레 3)팔찌 4)꼬맹이 5)쩨쩨하게 6)풀잎
7)짧게 8)너머 9)빗었다 10)옷맵시 11)만날, 맨날 12)작아서

실전 문제 14

1)무 2)손깍지 3)책꽂이 4)혼잣말 5)배꼽 6)단칸방
7)딱따구리 8)더욱이 9)쌍꺼풀 10)뼈다귀 11)수탉 12)아지랑이

실전 문제 15

1)온갖 2)나아갔다 3)어떻게 4)그제야 5)여태껏 6)꼬리
7)며칠 8)부스스 9)쥐덫 10)애송이 11)연신, 연방 12)편평한

실전 문제 16

1)자장면, 짜장면 2)응달 3)일찍이 4)잊어버렸다 5)술래잡기 6)천장
7)쳐다보았다 8)한길 9)해님 10)현기증 11)목돈 12)끼어들다

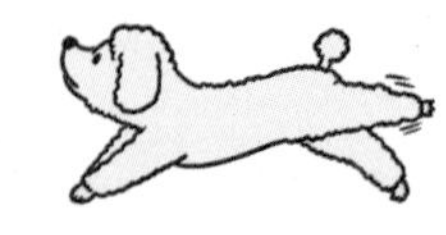

실전 문제 17

1)계란, 달걀 2)구절 3)금세, 금시 4)깍두기 5)놀잇감 6)어물쩍
7)껍데기 8)나무꾼 9)덩굴 10)돋우었다 11)두껍게 12)든지

실전 문제 18

1)예쁘다, 이쁘다 2)늠름하고 3)베개 4)장수 5)추적 6)계발
7)다른 8)묻혔다 9)보존 10)낭떠러지 11)신기하다 12)말대꾸

실전 문제 19

1)그까짓 2)짓는다 3)저리다 4)짚고 5)걷히자 6)거름
7)졸였다 8)곳간 9)고깃덩이 10)날름 11)햅쌀 12)머지않아

실전 문제 20

1)돌부리 2)낮말 3)주제 4)엊그제 5)비로소 6)옥수수
7)메밀국수 8)흩어졌다 9)옷걸이 10)어귀 11)부아 12)둥우리

맞춤법 동화 1–바람
맞춤법 동화 2–오뚝이
맞춤법 동화 3–찌개
맞춤법 동화 4–칸

외래어 바르게 익히기

맞는 낱말에 동그라미 하세요.

가스랜지	**가스레인지**
기부스	**깁스**
데이터	데이타
도너츠	**도넛**
돈가스	돈까스
리더십	리더쉽
로봇	로봇트
링게르	**링거**
메시지	메세지
바베큐	**바비큐**
배지	뺏지
뷔페	부페
셀러드	**샐러드**
소세지	**소시지**

소파	쇼파
수프	스프
수퍼마켓	수퍼마켓
스폰지	스펀지
악세사리	액세서리
앵콜	앙코르
에어콘	에어컨
앰뷸런스	앰블런스
쥬스	주스
캐럴	캐롤
커닝	컨닝
초컬렛	초콜릿
텔레비전	텔레비젼
트롯트	트로트
파이팅	화이팅
팸플릿	팜플렛
프라이팬	후라이팬

가로세로 낱말 퍼즐

정답

1

㉠함		①사	㉡계	절
②박	수		산	
눈			기	
	③㉢채	점		㉣낚
④청	소			시

2

	㉠감		①질	㉡투
②㉢호	기	심		표
수			㉣도	
		③동	화	책
④도	전		지	

3

①얼	㉠음		②㉡선	수
	악		물	
㉢동				㉣지
③물	고	기		팡
원			④나	이

4

①초	㉠인	종		㉡이
	사		②촛	불
㉢돌		㉣친		
멩		③구	두	쇠
④이	름			

5

	㉠욕		①벌	㉡떡
②점	심			볶
		③색	㉣종	이
④㉢약	속		아	
국			리	

글 이다우

〈월간문학〉 신인상에 동화가 당선되었습니다. 펴낸 책으로 《우리말 퍼즐 1·2》《우리말 겨루기1·2》《맛있는 순우리말》《독서글짓기논술교실》(전6권)《순우리말 동화》《쇠똥이 약이네》《마음이 단단해지는 33가지 이야기》《나는 무엇이 될까》《5분 추리동화》 외 여러 권이 있습니다.

그림 이주항

서울대학교 경제학부를 졸업하였습니다. 어린이를 위한 경제 동화 집필을 계기로 어린이 책 집필과 일러스트 작업을 하고 있습니다. 지은 책으로《교과서 속 경제동화》《공룡 사냥에서 수학 찾기》《꼴찌의 공부 일기》, 그린 책으로《미세플라스틱 수사대》 등이 있습니다.